Pilar Pacheco López
Maria Antonia Meroño Saura
Javier Ibáñez Caturla

Nutrición en situaciones especiales

Pilar Pacheco López
Maria Antonia Meroño Saura
Javier Ibáñez Caturla

Nutrición en situaciones especiales

Casos clínicos de paciente oncológico y fístula intestinal

PUBLICIA

Cover image: www.ingimage.com

Publisher:
PUBLICIA
is a trademark of
Dodo Books Indian Ocean Ltd., member of the OmniScriptum S.R.L Publishing group
str. A.Russo 15, of. 61, Chisinau-2068, Republic of Moldova Europe
Printed at: see last page
ISBN: 978-3-639-55452-6

NUTRICIÓN EN SITUACIONES ESPECIALES

CASOS CLÍNICOS DE PACIENTE ONCOLÓGICO Y FÍSTULA INTESTINAL

Pilar Pacheco López

Maria Antonia Meroño Saura

Javier Ibáñez Caturla

2022

ÍNDICE

1. INTRODUCCIÓN

La importancia de una adecuada nutrición en el paciente hospitalizado, o bien ambulante tras haber sufrido una intervención quirúrgica o un proceso onco-hematológico, está más que documentada en la bibliografía científica. Concretamente, en el paciente oncológico, el síndrome de caquexia, caracterizado por una ingesta reducida de alimentos, inflamación sistémica y metabolismo alterado provocando una progresiva pérdida de peso y de masa muscular, junto a deterioro funcional del paciente. Es por ello, y dada la relación entre caquexia y menor supervivencia global y un perfil de seguridad peor (mayores toxicidades a los antineoplásicos del tratamiento oncológico) cuando la pérdida de masa muscular es severa, que es necesario establecer planes nutricionales y recomendaciones específicas adaptadas a las particularidades de estos pacientes y su enfermedad, con el objetivo de prevenir o disminuir este síndrome de caquexia.

Este trabajo se divide en dos partes, la primera centrada en el paciente oncológico, para lo cual se planteará un plan nutricional adaptado y enfocado a prevenir o disminuir el síndrome de caquexia. A continuación se expone, mediante un caso clínico, el seguimiento y tratamiento nutricional de un paciente antes y después de ser intervenido de neoplasia de colon. La segunda parte del trabajo trata sobre la importancia de la nutrición clínica, concretamente los micronutrientes, en paciente quirúrgico que hace una fístula enterocutánea complicada, para lo que se expondrá otro caso clínico.

Para todo ello, además de la exposición de los casos, seguimiento analítico y clínico, discusión y conclusiones, se lleva a cabo una breve revisión narrativa sobre la relación entre sarcopenia, nutrición en paciente oncológico y mal pronóstico relacionado con una mala nutrición del paciente. Además, se repasan las recomendaciones nutricionales más actualizadas en el paciente oncológico y quirúrgico con el objetivo de establecer un plan de educación nutricional específico para cada tipo de paciente.

2. OBJETIVOS

2.1. Objetivo principal

En cuanto a la prevención del síndrome de caquexia, el objetivo principal es frenar o minimizar la pérdida muscular severa que a menudo ocurre en los pacientes sometidos a un tratamiento oncológico, bien sea por el empeoramiento de su estado de salud, por el avance la propia enfermedad o como toxicidad a los fármacos empleados en el tratamiento. Mediante un plan nutricional adecuado a cada paciente se pretende mejorar su estado nutricional y reducir así el consiguiente riesgo de reacción tóxica al tratamiento o pérdidas de eficacia al mismo.

En cuanto al paciente posquirúrgico, el objetivo es progresa a una dieta oral de manera paulatina y adecuada, mientras se van controlando parámetros analíticos y clínicos que aseguren una nutrición adecuada inmediatamente posterior a la intervención, lo cual se ha visto relacionado con una menor estancia de hospitalización y menor mortalidad relacionada.

2.2. Objetivos secundarios

- Informar y educar al paciente oncológico sobre la importancia de mantener unos hábitos nutricionales saludables y adecuados a su particular estado de salud, así como explicar la importancia de mantener una vida activa y evitar el sedentarismo.
- Promover el desarrollo de iniciativas de educación nutricional enfocadas al paciente postquirúrgico.

3. NUTRICIÓN EN EL PACIENTE ONCOLÓGICO: PREVENCIÓN DEL SÍNDROME DE CAQUEXIA.

3.1. Etiología y desarrollo de la sarcopenia

La pérdida muscular se debe a la combinación entre la reducción de la síntesis proteica con aumento de su degradación y una reducción de la actividad física propia del estado de salud empeorado en el contexto de la enfermedad neoplásica. (1)

El desarrollo de sarcopenia en el paciente oncológico es complejo y multifactorial. Por ello, su tratamiento debe enfocarse en los diferentes factores involucrados en su aparición, incluyendo la actividad física y la ingesta alimentaria, atendiendo tanto a la cantidad como a la calidad de los nutrientes ingeridos (2).

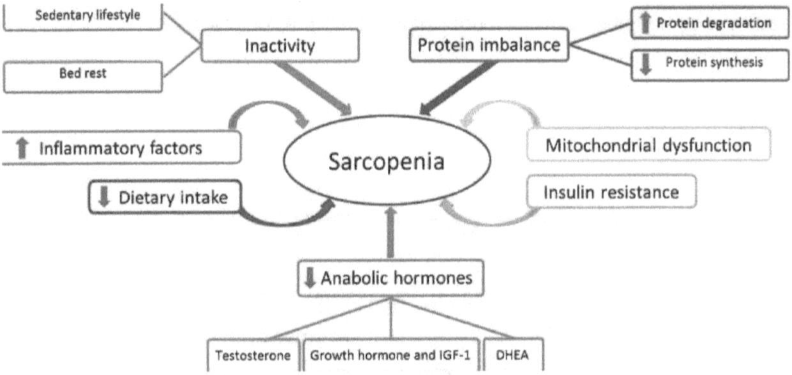

(3)

3.2. Pérdida de masa muscular vs pérdida de masa grasa

Se ha demostrado que si bien las nutriciones estándar habituales (destinadas en ocasiones tan sólo a incrementar el "consumo calórico") ayudan a mantener el peso, tienen poca efectividad en la pérdida de masa magra y en la efectividad de la quimioterapia, por lo que, una vez más se demuestra la importancia de establecer una nutrición adecuada para prevenir o disminuir la caquexia y preservar el tejido muscular en estos pacientes. El reto es impedir por tanto el catabolismo muscular acelerado, no concentrarnos exclusivamente en dietas hipercalóricas o hiperprotéicas pero sin un aporte calórico suficiente como para que el organismo sea capaz de aprovechar dichas proteínas. De este modo no solo nos estamos preocupando del peso o IMC del paciente sino de su composición corporal, a expensas de grasa, de músculo o de ambas (buscamos un equilibrio).

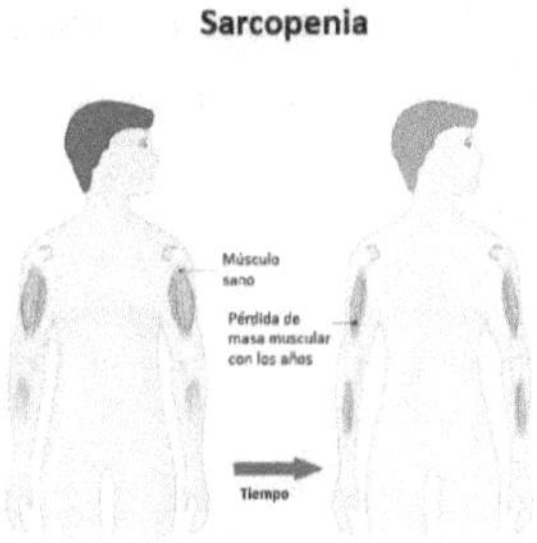

(4)

3.3. Abordaje y recomendaciones generales

Por un lado, es necesario un aporte de energía óptimo para evitar la pérdida de peso y la degradación proteica, y por otro, una ingesta adecuada de proteínas es la base para el mantenimiento o ganancia de masa muscular.

De este modo, las actividades principales quedan resumidas en 3:

1. Fomentar la actividad física (diaria y moderada)
2. Educar al paciente en una dieta adecuada, tanto en cantidad (normalmente el paciente oncológico requiere una dieta hipercalórica) como en calidad.
3. Recomendar aportes específicos de proteína, con suplementación en caso necesario, para evitar la pérdida de masa muscular acelerada

Además, debemos proporcionar al paciente una dieta individualizada adaptándola tanto a la presencia de factores que dificultan la ingesta (anorexia, náuseas, alteraciones del gusto y del olfato, mucositis, estreñimiento, disfagia, dolor, diarrea...) como a la funcionalidad del tracto gastrointestinal, potencialmente responsable de estos síntomas.

Si tras la optimización de la dieta, se confirma no mejoría del estado nutricional del paciente, nos plantearemos el uso de suplementos nutricionales, que se individualizaran a las características de cada paciente. Para alcanzar este nivel del plan nutricional, nos basamos en las recomendaciones estándar más extendidas en la bibliografía, aunque no hay guías estrictas, que dicen que la suplementación nutricional debe indicarse cuando la ingesta se espera inferior al 75 % de los requerimientos pese a la adaptación de la dieta por vía oral. (5)

3.4. Recomendaciones nutricionales

En líneas generales, la dieta para el paciente oncológico no dista demasiado de las recomendaciones que debería tener en cuenta el resto de la población, si bien es cierto que adquiere especial importancia mantener un adecuado aporte de proteína en el contexto de un alto aporte calórico.

- Es importante asegurar una ingesta suficiente de nutrientes asociados a la salud ósea, sin ser requerida la suplementación excepto en casos de deficiencia. Destacaríamos: la ingesta suficiente de calcio, proteína, vitamina K, fósforo y vitamina D (sobre todo a partir de la luz solar), para asegurar que el calcio se absorbe por completo y se deposita en los huesos.

- La ingesta proteica suficiente procedente de fuentes de calidad (legumbres, pescado, huevos, frutos secos, semillas...) es muy importante. Se consideran adecuadas ingestas ligeramente elevadas de proteína: 1,4-1,6g/kg peso/día.

- Se recomienda consumir legumbres de entre 3-4 raciones a la semana, asociadas a mejores niveles de triglicéridos y colesterol en sangre.

- La práctica de actividad física, sobre todo de ejercicios de fuerza que contribuyan a mantener la masa muscular se relacionan con mejores niveles de la misma y mejores índices de funcionalidad: es importante incluir 1-2 sesiones de ejercicios de fuerza moderada (según las condiciones del paciente) a la semana, además de ejercicios aeróbicos diarios

Niveles adecuados de masa muscular se relacionan con: mejor control de peso y de grasa corporal, mejores marcadores de salud ósea, mayor sensibilidad a la insulina, mejor regulación de lípidos y glucemia, menor riesgo de hipertensión arterial, mejor estado de ánimo y calidad del sueño...

3.5. Plan nutricional

- **Ingesta protéica:** Las guías ESPEN de nutrición en el paciente oncológico de 2016 establecen una ingesta proteica óptima de 1 a 1,5 g de proteínas/kg de peso corporal/día (6) si bien existen otros estudios en los que la recomendación asciende a superar los 1,5 g/día (7) o incluso más, pues en sujetos con una función renal normal, una ingesta proteica de hasta 2 g de proteína/kg de peso corporal/ día o incluso mayor, es segura.

  Recomendación: Aportes mínimos proteína: 1,5 g/kg/día, intentando aproximarse a 2 g/kg/día si función renal conservada.

  Intervención: Se facilita información sobre alimentos con elevados aportes de proteína y se dan recomendaciones sobre como introducirlos en una dieta equilibrada.

- **Aminoácidos ramificados:** Leucina, isoleucina y valina tienen un papel importante en la promoción de la síntesis proteica en tejido muscular, por lo que han sido estudiados como una de las posibles estrategias nutricionales para combatir la sarcopenia. Se han observado efectos positivos sobre la síntesis proteica en pacientes con cáncer tras la infusión de nutrición parenteral con un contenido en aminoácidos ramificados del 50 % frente a otra con un contenido del 19 % (8).

- Recomendación: En principio, si este aporte está asegurado en la dieta no se requiere una suplementación extra. Según las guías de la ESPEN de 2016 de nutrición en el paciente con cáncer, no hay datos clínicos consistentes para recomendar la suplementación con aminoácidos ramificados u otro tipo de aminoácidos ni metabolitos con el fin de mejorar la masa libre de grasa. En caso de no resolver o mejorar la sarcopenia en la primera reevaluación se planteará la posibilidad de suplementación externa como fórmula comercial extra a la dieta.
- Intervención: Alimentos ricos en proteína de elevado valor biológico (huevo). Se facilitan, una vez dadas tablas de requerimientos, algunos datos que pueden ser de ayuda al paciente: 3 claras de huevo = 990 mg de leucina; 1 taza de queso cottage = 2880mg de leucina; 85 g de atún = 1740mg de leucina; ½ taza de edamame = 600 mg de leucina; 85 g de pollo = 3690mg de leucina (9).

- **Ácidos grasos esenciales:** Algunos ensayos clínicos han demostrado que el uso de ácidos grasos omega 3 derivados del aceite de pescado (2,2 g/día) en individuos con cáncer avanzado en curso de quimioterapia mejora el apetito, la ingesta energética, el peso, la masa muscular y la actividad física. Sin embargo, otros estudios no han obtenido los mismos resultados y la ESPEN concluye que podrían suplementarse las ingestas con omega 3 pero lo hace con una calidad de recomendación baja.

- Recomendación: Recomendamos al paciente la ingesta de ácidos grasos omega 3 de cadena larga o aceite de pescado con el fin de estabilizar o mejorar el apetito, la ingesta alimentaria, la masa magra y el peso corporal. En pacientes con poca ingesta oral (sólida) reomendamos emplear suplementos nutricionales hiperproteicos enriquecidos con EPA, ya que han demostrado contribuir a frenar las pérdidas de peso y de masa muscular en mayor medida que los suplementos normocalóricos (10).

- Intervención: Alimentos ricos en omega 3 y dietas/combinaciones de alimentos para favorecer la ingesta del paciente adecuando a sus gustos o preferencias.

3.6. Recomendaciones sobre actividad física

Dado que la pérdida de masa muscular en el paciente oncológico es multifactorial, el abordaje de la actividad física recomendable es una intervención multimodal, es decir, la suma o combinación de varias intervenciones efectivas en la mejora de un resultado clínico concreto. En términos de depleción de masa muscular, el ejercicio combinado con la intervención nutricional es una estrategia multimodal especialmente efectiva para mitigar la pérdida de masa muscular y para inducir el anabolismo proteico muscular (10).

Recomendación: Realizar ejercicio distinto a la simple actividad física, para mantener o mejorar tanto la masa muscular como la función física.

Intervención: Concienciar al paciente y familiares (cuidador) de la importancia de mantenerse activo, pues con la nutrición adecuada damos los "cimientos" para que se construya o no se siga destruyendo el músculo, pero sin actividad física no es posible "construir" el esqueleto que buscamos. Combinar los ejercicios de resistencia, el entrenamiento aeróbico e incluir también las actividades básicas de la vida diaria, como caminar y el aseo diario.

3.7. Conclusiones

- La pérdida de masa muscular o síndrome de caquexia está relacionado con una menor supervivencia global del paciente oncológico, mayor índice de toxicidad al tratamiento antineoplásico y pérdidas de eficacia al mismo cuando los fármacos se dosifican por peso o IMC sin tener en cuenta la masa muscular (perdida) del paciente.
- Mediante un adecuado consejo dietético y el desarrollo de un plan nutricional adecuado a cada paciente oncológico, a su tratamiento y a su estado de salud variable en el tiempo es posible hacer un seguimiento estrecho del paciente y

reducir así el riesgo de caquexia.

- Como cualquier dieta equilibrada, la alimentación durante el proceso oncológico debe contener las vitaminas, los minerales y los nutrientes necesarios para reducir los problemas generados en esta etapa.
- En general, es recomendable elevar la ingesta de frutas, verduras y hortalizas, legumbres, cereales integrales y frutos secos, así como reducir la ingesta de alimentos muy grasos. Todos los alimentos señalados son habituales en una dieta saludable habitual. Reducir el consumo de café y de alcohol y dejar de lado, por su aporte de calorías vacías, las bebidas con gas y azúcar.

4. CASO CLÍNICO PACIENTE ONCOLÓGICO:

SMR es un paciente varón de 66 años recientemente diagnosticado de neoplasia de ciego tras anemia a estudio. No otros antecedentes de interés

4.1. Pruebas complementarias

- Colonoscopia: - A 50 cm lesion de 30 mm tipo LST-G mixto con patron de superficie NICE II que se extirpa mediante mucosectomia en 2 fragmentos. Se cierra escara con 2 hemoclips(B1)- A 30 cm lesion pediculada de 8 mm que se extirpa mediante polipectomia con asa de diatermia previa instilacion de 3 cc de adrenalina diluida 1:1000 (B2).
- TAC: Engrosamiento mural circunferencial en ángulo hepático del colon, con adenopatías en meso, compatible con neoplasia. Engrosamiento de pared posteroinferior del ciego, adyacente a raíz del apéndice cecal, adenopatías en meso cecal, aunque es liso, y bien delimitado, podría tratarse de neoplasia también. Sin lesiones focales hepáticas, pulmonares ni óseas que puedan sugerir metástasis.

Nos remiten al paciente para valoración previa a cirugía.

4.2. Valores de interés

- Peso: 103 kg. No conoce peso anterior, sí que indica pérdida de peso elevada en los últimos meses.
- Talla: 1,8 m
- SC: 2,22 m2
- IMC: 31,79 Kg/m 2 . Biotipo: Obeso. Endomorfo.
- Estado dental: Malo. Apertura de boca: Normal. Prótesis dental móvil.

Parámetros analíticos:

Glucosa mg/ dL	Creatinina mg/ dL	Proteínas g/dL	Albúmina g/dL	Hierro Ug/ dL	Ferritina ng/mL	Folato ng/mL	Colesterol mg/dL	Leucitos U/L
101	1,41	6	3,2	16	20	3,5	197	6,65 $*10^3$

Linfocitos U/L	Hemoglobina g/dL	Hematocrito %	Vit D uG/L	TSH uUI/mL
2,07 $*10^3$	10,2	34	13,5	3,41

4.3. Desarrollo del caso

Viene acompañado de su hijo. En anamnesis nos comenta que es agricultor, y acudió a su médico de familia por sentirse más cansado de lo habitual y por pérdida de peso de unos 5-6kg en un mes. No acaba de comprender su patología, por lo que se trata el tema con sumo cuidado.

En cuanto a sus hábitos alimentarios, habitualmente no desayuna, sino que se va directo a trabajar, y si en algún momento pasa por casa su mujer le preparar un vaso de leche o picotea lo que tenga cerca. En cuanto a la comida, suele tomar guisos (puchero, cocido, estofado…) o fritos (rebozados, patatas fritas), apenas toma pescado y carne únicamente en asado una o dos veces a la semana. En cuanto a verduras, si tiene algo de lo que cultiva (tomates, habas, alcachofas, brócoli…) sí que suele tomar algo antes de comer. Acompaña las comidas de pan y cerveza (2-3 quintos). Tras la comida principal suele tomar companaje (morcilla, lomo, salchichón), y de postre fruta de temporada. En la merienda le ocurre lo mismo que con el desayuno, coge algo al pasar por casa, habitualmente bizcocho casero o fiambre. Por último, para cenar suele tomar fritos, y en escasas ocasiones hervidos o ensalada cocida que le prepara su mujer, pero comenta que no le gusta mucho, también la acompaña del companaje y cerveza.

Nos comenta que él no sabe cocinar nada, y que si está sólo en casa en algún momento abre una lata de conserva (mejillones, berberechos...) y se la come con pan.

Tras esta primera consulta, se realiza una interconsulta a hematología para la administración de hierro intravenoso (500mg/ semana), se comenta con el cirujano la posibilidad de retrasar la operación del paciente un par de semanas para esperar a que mejoren los parámetros analíticos, y de esta forma reducir el número de posibles complicaciones durante y post- cirugía.

Estas posibles complicaciones han sido descritas en la bibliografía previamente. Es bien sabido que la desnutrición energética nutrimental aumenta la morbilidad y la mortalidad hospitalarias. Rodriguez de Miranda et al, realizaron un estudio prospectivo descriptivo en pacientes intervenidos por distintas afecciones del tracto gastrointestinal, con el objetivo de determinar la influencia que la desnutrición tenía sobre la aparición de complicaciones postquirúrgicas. Realizaron una evaluación nutricional a todos los pacientes y concluyeron que el 35.0% de los enfermos tributarios de tratamiento quirúrgico estaban desnutridos; y que los desnutridos presentaron más complicaciones cuando se compararon con aquellos que tenían un buen estado nutricional. La tasa de desnutrición en los pacientes con cáncer fue del 45.8%. A pesar de ello, la proporción de complicaciones fue mucho mayor entre los pacientes desnutridos que no tenían cáncer. Destacar que la dehiscencia de sutura y el absceso abdominal únicamente ocurrieron en los pacientes desnutridos (11) *Las tasas de mortalidad debidas a la dehiscencia de heridas oscilan entre 14%-50%, Hay muchos otros factores de riesgo asociados con la dehiscencia de la herida, como la hipoproteinemia, la enfermedad maligna, la anemia y la peritonitis* (12).

Tras exponer lo anterior, se acuerda con el cirujano responsable retrasar la cirugía hasta que mejoren los parámetros analísticos nutricionales con el objetivo de disminuir complicaciones postquirúrgicas.

Se explican al paciente los motivos de retraso de la cirugía y se le prescribe al paciente hierro oral, para tomar en ayunas, preferiblemente antes del desayuno (para favorecer una rutina), además de infusiones de hierro (1gr) cada 2 semanas acordado con el Servicio de Hematología en el Hospital de día Médico del hospital. Se le prescribe al paciente suplementación nutricional oral.

La presentación mostrada a continuación:

Se trata de una dieta oral completa hipercalórica hiperproteica para pacientes con necesidades proteicas aumentadas y/o patologías que conlleven desnutrición. Entre sus características destaca:

- Concentración calórica 1’25 kcal/ml

- 18’8 g de proteínas por envase

- Bajo contenido en lactosa (<0’5)

- Sin gluten

- Aporte de vitaminas, minerales y oligoelementos imprescindibles en una dieta completa.

Este suplemento está indicado como dieta total o complementaria en pacientes con necesidades proteicas aumentadas y/o patologías que conlleven desnutrición:

- Disminución de la ingesta proteica ligada a anorexia moderada-severa

- Sarcopenia y deterioro funcional

- Anciano frágil

- Intervención quirúrgica tras fractura de cadera

- Úlceras por presión

    - Demencia y enfermedad de Alzheimer

    - Patología obstructiva que dificulte la deglución

    - Cirugía maxilofacial

Se le ofrece al paciente elegir entre los sabores disponibles. Se le recomienda tomar entre 2-3 suplementos/día preferiblemente entre comidas (para no sustituir a la dieta habitual) e idealmente frío para favorecer la toma.

También le damos al paciente una serie de recomendaciones dietéticas, como evitar frituras y embutidos, y comer poca cantidad varias veces al día, aumentar el consumo de verduras, pudiendo utilizarse más a menudo como guarnición entre otras. Finalmente, en base a sus preferencias, se prescribe suplemento dietético oral de fresa. Idealmente deberíamos habernos comunicado con su esposa, que es la que cocina en casa, ya que el paciente no parece comprender todas las indicaciones, y su hijo trabaja fuera, por lo que tampoco puede encargarse de los temas referentes a la nutrición.

Se le realizan controles analíticos al paciente cada vez que acude a hospital de día médico para administrarse hierro intravenoso.

El paciente presenta estos valores en analítica de control tras 2 semanas con el plan nutricional implantado:

Glucosa mg/ dL	Creatinina mg/ dL	Proteínas g/dL	Albúmina g/dL	Leucitos U/L
118	1,33	5,9	3,2	8,39 *10³

Linfocitos U/L	Hemoglobina g/dL	Hematocrito %
1,96*10³	11,4	37,4

31/05/2022

Hierro (ug/L)	Ferritina (ng/mL)	Leucitos U/L	Linfocitos U/L	Hemoglobina g/dL	Hematocrito %
47	694	7,19	1,43	11,7	37,1

Debido a un empeoramiento clínico del paciente, que, en la última administración de hierro intravenoso refiere encontrarse cada vez peor, y dado el aumento de la hemoglobina y los niveles de hierro y ferritina en sangre, además de una estabilización de los niveles de proteínas, aunque no de aumento a pesar de los suplementos orales, se decide junto al cirujano intervenir al paciente.

Se le entregan al paciente unas pautas dietéticas para seguir los días previos a la cirugía, con el objetivo de disminuir el residuo gástrico de cara a la intervención, limitando principalmente el consumo de fibra:

RECOMENDACIONES NUTRICIONALES PARA UNA DIETA POBRE EN RESIDUOS O DE ALTA ABSORCION

INTRODUCCIÓN

Residuo se considera a los restos de alimentos que no se absorben en el intestino y que forman las heces. El residuo proviene de la fibra de los alimentos. Existen dos tipos de fibra: la soluble y la insoluble. Es difícil encontrar alimentos con un solo tipo de fibra. Los alimentos integrales, los frutos secos, las frutas poco maduras, con piel y desecadas, y ciertas verduras (espinacas, guisantes, habas, etc.) son muy ricos en fibra insoluble. Mientras que la fibra soluble la encontramos en frutas sin piel y bien maduras como la manzana, el plátano, la pera, el membrillo, las legumbres *sin* piel, la patata, la zanahoria, la batata, el boniato, la harina de maíz y el arroz blanco refinado. El tipo de fibra y cantidad puede modificarse según el grado de maduración y tipo de cocinado.

Las dietas pobres en residuo están indicadas cuando existe una estrechez en el intestino, para disminuir el riesgo de estancamiento de las heces que puede ocasionar una obstrucción y reducir el dolor abdominal. También cuando existen secuelas después de haber recibido radioterapia a nivel abdominal, ante diverticulitis en fase aguda, fístulas a nivel de colon, o para la preparación del tracto digestivo bajo, bien para exploraciones radiológicas o para cirugía.

OBJETIVOS NUTRICIONALES

- Disminuir el volumen fecal para reducir el riesgo de presentar obstrucción intestinal.
- Reducir la cantidad de heces que pasan por el colon.
- Disminuir los movimientos intestinales, ya que esto a su vez ayuda a disminuir el dolor abdominal.

RECOMENDACIONES NUTRICIONALES GENERALES

1. Evite las comidas abundantes. Coma poca cantidad y varias veces al día; lo ideal es repartirlas en 6 tomas (desayuno, media mañana, comida, merienda, cena y algo antes de acostarse).
2. Coma despacio y mastique bien o triture los alimentos.
3. Repose sentado hasta media hora después de las comidas principales.
4. Realice cocinados sencillos (hervidos, en su jugo, plancha, vapor, horno) y evite los fritos, rebozados, empanados y guisos.
5. Condimente los platos con sal, excepto cuando su médico le indique lo contrario.
6. Evite tomar café, té, alcohol y bebidas con gas.
7. Una vez que su médico le indique que pueda volver a llevar una alimentación normal, incluya los alimentos progresivamente. Si alguno lo tolera mal retírelo e intente incorporarlo más adelante.
8. En la tabla siguiente, se señala una relación de los alimentos recomendados y desaconsejados para seguir una dieta pobre en residuos.

LUNES

Comida: Pasta italiana, 2 lonchas de jamón York (o fiambre de pavo), pan blanco tostado, manzana asada o pera cocida.
Cena: Sopa de arroz, pescado blanco a la plancha, pan tostado y yogur desnatado

MARTES

Comida: Patata asada, pechuga a la plancha, manzana pequeña sin piel y pan blanco tostado.
Cena: Lenguado a la plancha con guarnición de zanahorias, yogur desnatado y pan tostado

MIERCOLES

Comida: Lubina a la plancha, patata asada, pan tostado y pera sin piel
Cena: Puré de zanahorias, tortilla francesa y compota de pera

JUEVES

Comida: Arroz cocido, carne de ternera a la plancha y plátano maduro
Cena: Sopa de fideos, lenguado plancha, patata cocida y pera sin piel

VIERNES

Comida: Macarrones con jamón de york, queso fresco y pera en compota o manzana asada
Cena: Tortilla francesa, patata asada, yogur desnatado

SABADO

Comida: Crema de calabacín (sin piel), filete de pavo a la plancha, plátano maduro.
Cena: Pescado blanco al horno con patatas, yogur desnatado

DOMINGO

Comida: Sopa de fideos, pollo a la plancha, patata asada, melocotón en almíbar*
Cena: Pan tostado con jamón de york y queso fresco.

Se trata de unas pautas bastantes restrictivas, pero dado que van a ser mantenidas durante un corto periodo de tiempo, se consideran adecuadas previamente a la cirugía.

Finalmente, el paciente es operado. Se le realiza una colectomía total laparoscópica. Se lleva a cabo una resección de recto alto, una sección de ileón terminal a 15 cm de la válvula ileocecal con anastomosis ileorectal según se ve en la imagen:

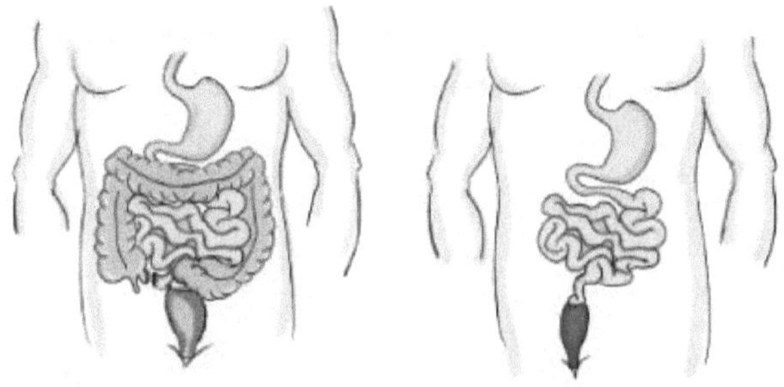

Tras la cirugía el paciente es trasladado a Reanimación, y posteriormente a la planta de cirugía y digestivo.

A continuación, se muestran los valores analíticos postcirugía del paciente:

Día +1 tras CGD

Glucosa mg/ dL	Creatinina mg/ dL	Proteínas g/dL	Albúmina g/dL	Hierro Ug/ dL	Ferritina ng/mL	Folato ng/mL	Colesterol mg/dL	Leucitos U/L
104	1,11	4,8	2,4	x	x	x	X	11,85 $*10^3$

Linfocitos U/L	Hemoglobina g/dL	Hematocrito %
1,52 $*10^3$	9,3	28,5

Día +3 tras CGD

Glucosa mg/ dL	Creatinina mg/ dL	Proteínas g/dL	Albúmina g/dL	Hierro Ug/ dL	Ferritina ng/mL	Folato ng/mL	Colesterol mg/dL	Leucitos U/L
135	2	5,6	2,8	x	x	x	X	9,41 $*10^3$

Linfocitos U/L	Hemoglobina g/dL	Hematocrito %
1,71 $*10^3$	11,5	34,9

Día +6 tras CGD y alta

Glucosa mg/ dL	Creatinina mg/ dL	Proteínas g/dL	Albúmina g/dL	Hierro Ug/ dL	Ferritina ng/mL	Folato ng/mL	Colesterol mg/dL	Leucitos U/L
84	1,14	5,3	2,9	62	x	x	X	8,26 $*10^3$

Linfocitos U/L	Hemoglobina g/dL	Hematocrito %
2,85 $*10^3$	11,1	34

Tras 24h con sueroterapia el paciente comienza a ventosear y defecar, por lo que se le inicia dieta líquida del catálogo del hospital, al no presentar otras patologías, no se necesita adaptación para diabéticos, hipertensos o con insuficiencia renal. Un ejemplo de esta dieta sería:

COMIDA

- **Plato único**: caldo de verdura
- **Postre:** zumo de frutas

CENA

- **Plato único:** Caldo carne
- **Postre:** Yogur líquido

CONSIDERACIONES

- Hidratación. Micronutrientes. Oligoelementos
- Nutricionalmente incompleta.
- Licuar o triturar sólidos
- Evitar temperaturas extremas y condimentos fuertes
- 5-6 tomas y variabilidad de alimentos.

Se podría enriquecer nutricionalmente, aunque este no es el caso.

Como el paciente va evolucionado adecuadamente continúa progresando la dieta a dieta semilíquida. Se le incide al paciente en la necesidad de tomar líquidos, ya que algunos parámetros analíticos como la creatinina y la urea aparecen elevados. Ejemplo de dieta:

COMIDA

- **Primer plato**: Caldo de verduras
- **Segundo plato:** Puré de lentejas
- **Postre:** Compota de fruta

CENA

- **Primer plato**: Puré de verduras
- **Segundo plato :**Puré de carne con patata
- **Postre:** Fruta triturada

CONSIDERACIONES

- Puede alargarse durante más tiempo que la dieta líquida al ser más completa.

Valorar aporte proteico

Las siguientes dietas serían (en el caso de nuestro paciente, como presentaba una tolerancia adecuada, progresaba en su dieta cada 24-48h).

Dieta semiblanda

COMIDA

- Primer plato: Sopa de fideos
- Segundo plato: Carne de pollo asada con crema de verdura
- Postre: Fruta triturada

CENA

- Primer plato: Sopa de picadillo
- Segundo plato: Merluza al vapor con verdura cocida
- Postre: yogur.

CONSIDERACIONES

- No es del todo completa nutricionalmente, pero si aporte calórico casi completo.

Dieta blanda

COMIDA

- Primer plato: Lentejas cocidas.
- Segundo plato: Pollo asado con verduras cocidas.
- Postre: Fruta triturada

CENA

- Primer plato: Crema de calabaza.
- Segundo plato: Salmón a la plancha con pure de patata.
- Postre: Yogur

CONSIDERACIONES

- Es nutricionalmente completo.
- Fácil digestión, no masticación.
- Evitar verdura y fruta cruda.
- Poca grasa, poca fibra, no picante y café.
- Reducir líquidos. No alcohol, no tabaco. No frutos secos.
- Dieta de protección gástrica

Dieta basal

COMIDA

- Primer plato: Lentejas estofadas con verduras (zanahoria, pimientos, cebolla)
- Segundo plato: Merluza en salsa con espárragos
- Postre: Pera al vino

CENA

- Primer plato: Crema de calabaza y patata

15

Al alta volvemos a ver al paciente para realizarle una serie de recomendaciones. En primer lugar, le recomendamos que continúe con los suplementos nutricionales hasta la próxima revisión de cara a mejorar los parámetros nutricionales.

Por otro lado, de cara a las recomendaciones nutricionales debemos de tener una sería de factores en cuenta (13).

La colectomía es una de las intervenciones quirúrgicas más habituales en el tracto digestivo y conlleva unas deficiencias absortivas que comprometen el estado nutricional del paciente. Los pacientes sometidos a colectomía con anastomosis ileorrectal como en nuestro caso, son los que sufren una modificación anatómica más drástica, lo que redunda en una mayor frecuencia de las deposiciones, cuya consistencia se ve disminuida.

Las consecuencias de la colectomía incluyen pérdida de agua y sodio a través de las heces, lo que a su vez conlleva riesgo de deshidratación y de hiponatremia. Esta pérdida de agua fecal modifica la consistencia y frecuencia de las deposiciones, cambio que a su vez condiciona la calidad de vida del paciente. La colectomía no solo compromete la absorción, sino que, como hemos mencionado afecta al patrón del peristaltismo intestinal, generando unas alteraciones que pueden tener un carácter transitorio -al ser compensadas posteriormente por la porción de colon restante- o permanente, acompañando de por vida al afectado.

Se le explica al paciente que debe seguir una dieta pobre en fibra y que genere pocos residuos, baja en grasa y controlada en lactosa. Esta dieta se podrá ir modificando posteriormente en función de la respuesta individual del paciente (frecuencia de deposiciones y consistencia de las heces), se irán introduciendo progresivamente los distintos alimentos hasta conseguir que el afectado lleve una dieta equilibrada y completa. El objetivo de seguir estas recomendaciones es: Lograr un aporte de nutrientes para conseguir o mantener un adecuado estado nutricional y de hidratación, reducir el volumen de las heces y aumentar su consistencia en lo posible y evitar el exceso de gases.

4.4. Recomendaciones nutricionales

1. Reparto de la ingesta. Haga comidas frecuentes (5-6 tomas diarias) y poco copiosas, siguiendo un horario regular.

2. Forma de comer:

• Comer despacio y masticando bien.

• Reposar sentado (no tumbado) hasta media hora después de las comidas principales.

• Ingerir los alimentos a temperatura templada, ni muy fríos ni muy calientes.

3. Bebida:

• Beber al menos 1.5 litros al día de líquidos. Preferentemente agua. También infusiones caldosdesgrasados en pequeñas cantidades de unos 100-125 ml cada vez.

• Fuera de las comidas: 30-60 minutos antes o después de comer (para evitar saciedad precoz)

• Evitar café, alcohol, zumos de frutas y las bebidas con gas y/o azúcar (en su mayoría son laxantes).

4. Cocinado de los alimentos:

• Condimentar los platos con sal, salvo contraindicación, ya que por las heces se pierden muchas sales minerales. Evite condimentar con aderezos picantes (pimienta, guindilla, chile...)

• Realizar cocinados sencillos: cocido, hervidos, en su jugo, vapor, horno. Evite los fritos, rebozados, empanados y guisos grasos.

Los primeros días la dieta debe ser similar a la indicada antes de la cirugía e ir añadiendo alimentos según tolerancia.

En caso de diarrea y o heces líquidas:

Consumir alimentos que incrementen la consistencia de las heces: sémola, patata, arroz, plátano maduro, queso fresco y compota de manzana, entre otros. Las ensaladas y verduras deben suprimirse, exceptuando la zanahoria hervida.

El tipo de leche más idóneo es la leche sin lactosa; los suplementos de fibra soluble resultan útiles, debiendo tomarse antes de las comidas.

Vigilar el aporte de líquidos (agua, infusiones, agua de arroz, soluciones de rehidratación oral...).

Debe valorarse individualmente la necesidad de utilizar medicación antidiarreica.

Tras concretar con el paciente que ha entendido toda la información suministrada, entregarle toda la información y recomendaciones por escrito, se vuelve a citar al paciente en dos meses con analítica para controlar evolución.

Ejemplo de dieta:

Ejemplo de dieta tras el alta en la ileostomía o colectomía total

Desayuno

- Medio vaso de leche de almendras poco concentrada
- 2 biscotes
- 1 loncha de jamón york

Media mañana

- Medio vaso de infusión con poco azúcar
- 4 galletas «maría»
- Dulce de membrillo

Comida

- Patatas hervidas con aceite
- Albóndigas hervidas
- 2 rebanadas de pan tostado
- Pera al horno

Merienda

- Medio vaso de crema de almendras poco concentrada
- 2 biscotes
- 1 loncha de queso semiseco

Cena

- Arroz hervido en caldo de pollo (espeso)
- Tortilla francesa de 1 huevo (poco aceite)
- Compota o manzana al horno

Antes de acostarse

- Medio vaso de infusión con poco azúcar
- 4 galletas «maría»

Ejemplo de dieta de continuación a los 2-3 meses de la ileostomía o colectomía total

Desayuno

- Medio vaso de crema de almendras poco concentrada
- 2-4 biscotes
- Mantequilla o margarina
- Mermelada de melocotón

Media mañana

- 1 yogur natural con azúcar
- 2 rebanadas de pan tostado con aceite
- 1 loncha de jamón del país

Comida

- Puré de patatas y zanahorias
- Pollo a la plancha
- 2 rebanadas de pan tostado
- Melocotón en almíbar

Merienda

- Medio vaso de crema de almendras poco concentrada
- 2-4 biscotes
- Margarina o mantequilla
- 1 loncha de jamón de york

Cena

- Sopa espesa de arroz y fideos en caldo de pollo
- Rape al horno con patatas
- 2 rebanadas de pan tostado
- Compota de manzana

Antes de acostarse

- 1 yogur natural con azúcar
- 5 galletas «maría»

FUENTE: Planas M, Puiggros C, De Lara F, Espín E. Recomendaciones nutricionales en el postoperatorio de ileostomía, colectomía y colostomía. En: León Sanz M, Celaya S, editors. Manual de recomendaciones al alta hospitalaria. Barcelona: Novartis Consumer Health; 2001. p. 13-8.

5. IMPORTANCIA DE LOS MICRONUTRIENTES DURANTE LA HOSPITALIZACIÓN.

En el contexto del paciente hospitalizado es fundamental mantener un adecuado estado nutricional para evitar complicaciones derivadas de la malnutrición. Para ello, es necesario cubrir los requerimientos de macro y micronutrientes, que varían en función del paciente, la patología y el curso de la misma.

Dentro de estas necesidades nutricionales (aportadas por vía enteral o parenteral) adquieren gran importancia los micronutrientes: vitaminas y oligoelementos; implicados en numerosos procesos vitales. En concreto, los micronutrientes tienen un papel fundamental en el cierre de heridas, ya que muchos actúan como cofactores en las reacciones biológicas y a su vez son necesarios para la actividad de los macronutrientes.

Por ejemplo, la síntesis de proteínas no continúa si no hay un aporte suficiente de vitamina B6, zinc y cobre; la síntesis de colágeno se vería afectada sin vitamina C, hierro y cobre, y la deficiencia de vitamina A repercute en la adhesión celular y con ello en la reparación de heridas. (14)

A continuación, nos centraremos en revisar la evidencia sobre dos situaciones concretas y relacionadas; post-intervención quirúrgica gastrointestinal y presencia de fístula enterocutánea de evolución (FEC). Para ello, se abordará el manejo nutricional de la FEC de evolución complicada a raíz de un caso clínico.

Existen una gran variedad de síntomas que pueden estar relacionados directamente con alteraciones de varios micronutrientes, sin embargo, en la bibliografía científica es, a menudo, difícil encontrar consenso sobre los aportes y recomendaciones para paliar estas deficiencias.

Estas limitaciones para definir las necesidades de vitaminas y oligoelementos se deben, fundamentalmente, a la dificultad para identificar alteraciones asociadas a su déficit o acumulación: 1) especificidad/sensibilidad de signos y síntomas asociados con alteración en nutrientes concretos y 2) limitaciones de las técnicas analíticas, así como a la dificultad para definir las necesidades en determinados grupos de pacientes (críticos, quemados etc.) que parecen, según la evidencia disponible, requerir una suplementación de micronutrientes superior a los estándares, los cuales resultan insuficientes, siendo necesario proporcionar dosis que superan las recomendaciones establecidas por los diferentes organismos oficiales y grupos de consenso. (15)

Así, por ejemplo, la glositis puede deberse a un déficit de cianocobalamina (vitamina B12), niacina (B3) y riboflavina (B2) y la alopecia se asocia con un déficit de hierro, biotina y Zinc.

5.1. Funciones fisiológicas de las vitaminas y los oligoelementos

Las vitaminas y los oligoelementos son importantes para el funcionamiento de la función inmune y su contribución en el sistema antioxidante debido sobre todo a la actuación de los elementos traza (Cu, Mn, Zn, Fe, Se) que son necesarios para la actividad de la superóxido dismutasa (SOD), la glutatión peroxidasa (GPx) y la catalasa. (14)

En términos generales, tanto vitaminas como oligoelementos actúan como cofactores de multitud de enzimas (vitaminas B, cobre), participan en el transporte de oxígeno (hierro), en el metabolismo (vitamina D) y en la coagulación (vitamina k), en el sistema nervioso (cromo) y en la cicatrización de los tejidos (zinc y vitamina C), entre otros. (16)

5.2. Micronutrientes y cicatrización:

El papel de los micronutrientes en los procesos de cicatrización es clave, tal y como lo refleja la literatura publicada para conocer los mecanismos a través de los cuales el organismo intenta reparar el daño provocado en sus estructuras ante heridas, quemados u otras agresiones. En la tabla 1 se resume el papel de los principales micronutrientes implicados en los procesos de cicatrización.

Micronutriente	Efecto en la cicatrización
Vitamina C	Implicada en la síntesis de colágeno y remodelación de la herida, función antioxidante
Complejo B	Co-factores de sistemas enzimáticos empleados en la reconstrucción de tejidos y cicatrización de heridas
Vitamina A	Aumenta la epitelización de la membrana y la síntesis y entrecruzamiento de colágeno. Antagoniza los efectos inhibitorios de los glucocorticoides en la membrana celular.
Vitamina D	Necesaria para la absorción, transporte y metabolismo del calcio y del fósforo, implicados en la formación y mantenimiento de las estructuras óseas
Vitamina E	Debido a su papel antioxidante (atrapa radicales libres)
Vitamina K	Necesaria para la síntesis de protrombina y factores de la coagulación VII, IX y X.
Zinc	Estabiliza la membrana celular y actúa como cofactor enzimático. Es necesario para la mitosis y proliferación celular durante la cicatrización.
Cobre	Parte integral de la enzima lisiloxidasa que cataliza el entrecruzamiento de las fibras de colágeno.
Hierro	Transporta oxígeno a la herida (hemoglobina) y participa en la síntesis de colágeno.

Tabla 1. Papel de los micronutrientes en los procesos de cicatrización. Adaptado de (14)

5.3. Zinc: funciones, metabolismo y requerimientos

Además de su implicación en la cicatrización, que será abordada más adelante, el zinc participa en funciones destacadas como componente de múltiples sistemas enzimáticos y, además, es fundamental para el funcionamiento del sistema inmunitario (su déficit provoca linfopenia, alteración en la capacidad fagocítica de los monocitos, macrófagos y neutrófilos, y disminución en la secreción de citoquinas). También interviene en la respuesta oxidativa al estrés y en la homeostasis de la glucosa (su déficit disminuye la secreción de insulina).

- Metabolismo: Su homeostasis se encuentra regulada por la absorción intestinal en duodeno y yeyuno (biodisponibilidad del 40%). Además, ésta se caracteriza por ser saturable, es decir, su absorción aumenta conforme se incrementan las dosis hasta un punto a partir del cual la biodisponibilidad no aumenta por mucho que se incrementen las dosis orales. (17)
  Más del 60% del zinc corporal se encuentra almacenado en tejido muscular y solo una pequeña cantidad circula en plasma.
  El 70% del Zn plasmático circula unido a la albúmina.

- Eliminación: el 90% se excreta por las heces a través de las secreciones biliares y pancreáticas.

  Las pérdidas urinarias de zinc son inapreciables, salvo en situaciones de catabolismo (quemados, sepsis y traumatismos), donde aumentan considerablemente y van unidas a una mayor excreción urinaria de nitrógeno. Por ello, la situación en la que, con más frecuencia, se ven aumentadas las necesidades de zinc debido a aumento de las pérdidas de este elemento es en situaciones de diarrea aguda o prolongada. (15)
- Situaciones en las que están aumentados los requerimientos de zinc: Síndromes de malaborción (enfermedad inflamatoria intestinal); procesos infecciosos; aumento del estrés metabólico; diarreas crónicas; pérdidas intestinales muy aumentadas como ocurre en los casos de fístulas gastrointestinales o FEC y ostomías y en los pacientes con nutrición parenteral total (NPT) en situación de anabolismo.
- Los síntomas asociados a deficiencias de zinc son: lesiones cutáneas (lesiones escamosas en pliegues nasolabiales y piel perioral); retraso en la cicatrización de heridas; mucositis, hipogeusia; depresión de la función inmune y diarrea. (18)

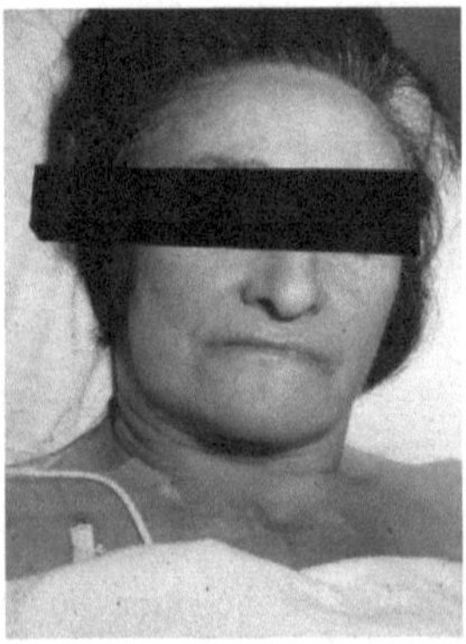

Lesiones cutáneas asociadas al déficit de zinc (18)

5.4. Recomendaciones American Medical Association/ Nutrition Advisory Group (AMA/NAG): (19)

Incrementar aportes en pacientes:

- Con alto grado de estrés metabólico (trauma, quemados): + 2-4 mg/día
- Con elevadas pérdidas gastrointestinales (fístulas, diarrea secretora, pérdidas por ostomía...): + 12-17 mg/L

Por ejemplo, en un paciente con diarrea secretora de 4 L/día, se estimaría un requerimiento de zinc en torno a 70 mg/día (17 mg x 4L) sin embargo, se ha demostrado que ingestas de zinc superiores a 30 mg/día podrían estar relacionadas con fiebres más altas cursadas mediante alteraciones del sistema inmune. Por tanto, la recomendación estándar es no administrar más de 30 mg/día de zinc aun en casos de pérdidas muy aumentadas por diarrea.(20)

En el estudio publicado en *Gastroenterology 76, en 1979* (21) se concluye que el balance de zinc en pacientes con diarrea prácticamente se alcanza tras administrar suplementos de 6 mg, obteniéndose un balance positivo cuando se suplementa con 12 mg. Por tanto, se debe evaluar individualmente cada caso en función de las pérdidas y necesidades para no suplementar en exceso y alcanzar posibles toxicidades asociadas.

Valoración analítica: Los niveles séricos y plasmáticos se mantienen durante varias semanas de aporte insuficiente por mecanismos homeostáticos, no reflejando realmente el estado nutricional. Músculo e hígado tienen 50 veces más zinc que el plasma. Los niveles séricos suelen ser superiores a los plasmáticos por hemólisis y liberación de zinc de las plaquetas. (20)

Dificultad en la interpretación de los niveles de Zinc:

- En procesos inflamatorios se produce una redistribución del zinc (captación hepática, fundamentalmente, donde se necesita para la síntesis de proteínas de fase aguda), con disminución de sus niveles plasmáticos. Por ello, una única determinación de zinc debe ser interpretada con cautela, porque niveles bajos pueden ser debidos a niveles bajos de albumina en una situación de estrés metabólico;

conforme disminuya la proteína C reactiva (PCR) como parámetro inflamatorio principal, aumentarán los niveles de albúmina y de zinc. Por consiguiente, en procesos con respuesta inflamatoria, niveles bajos de zinc pueden ser consecuencia de un proceso de redistribución más que reflejar un déficit real.

- En situaciones de catabolismo aumenta considerablemente la excreción urinaria de zinc, es decir, se produce un aumento de las pérdidas, y ello puede coexistir con niveles plasmáticos normales como consecuencia de la movilización de los depósitos hepáticos y musculares.

Importancia del zinc en la cicatrización de heridas: Fístula enterocutánea

- La fístula enterocutánea (FEC) es la más común de las fístulas gastrointestinales. Se define como la comunicación anormal entre el tracto gastrointestinal y la piel, con salida de fluidos intestinales al exterior durante más de 24 horas. El sitio más frecuente de aparición es en el intestino delgado, especialmente en íleon. Entre el 75-85 % de los casos ocurren tras una cirugía por dehiscencia de la anastomosis o fallos técnico-quirúrgicos. El cierre espontáneo puede llegar a darse hasta en un 75%, mientras que el resto de los casos necesitarán de un cierre quirúrgico. (21)

- Es un proceso que precisa estancia hospitalaria debido a las numerosas y frecuentes complicaciones que pueden surgir: desequilibrio hidroelectrolítico (pérdida de líquido rico en iones); desnutrición (malabsorción de nutrientes, anemia, hipoalbuminemia); desajustes metabólicos (estado catabólico con resistencia a la insulina y aumento de la oxidación lipídica) y sepsis (22)

- La desnutrición aparece en un alto porcentaje de los pacientes con FEC (55-90 %) y está estrechamente relacionada con la mortalidad, hasta en un 60 % de los casos. (16) El soporte nutricional es parte esencial del manejo, ya que favorece la función intestinal, promueve el sistema inmunológico, facilita la cicatrización y disminuye el catabolismo.

- Además de los aportes de macronutrientes (fundamentalmente proteínas) y micronutrientes que facilitan el proceso de cierre de la herida, cuando existe una apertura que vierte contenido intestinal al exterior, como ocurre en el caso de las fístulas gatrointestinales, el organismo establece un balance entre los factores agresores y los factores reparadores, en base al cual habrá mayor o menor grado de cicatrización.

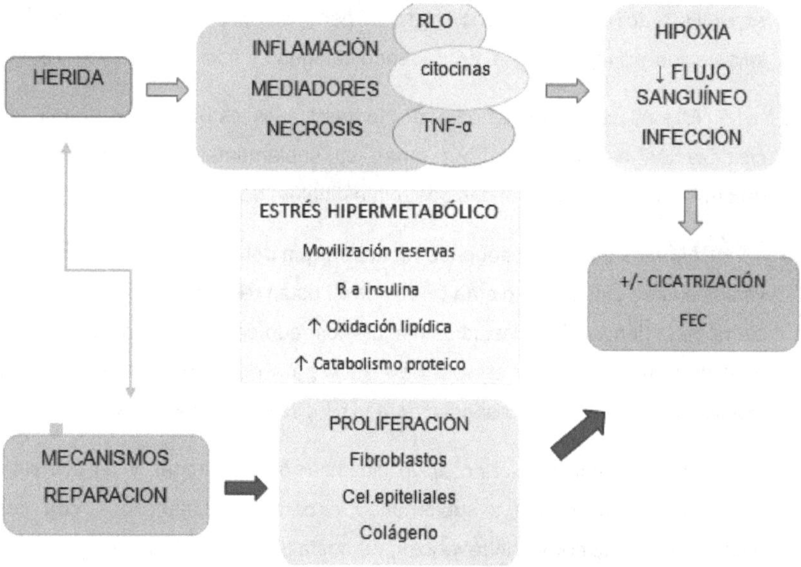

Esquema sobre el balance daño-reparación en la cicatrización de la FEC

Como ya se ha citado antes, para reparar el tejido dañado y favorecer el cierre de las heridas es preciso corregir los déficits de los micronutrientes implicados. Entre ellos, el complejo de vitaminas B y el zinc son esenciales para el metabolismo de los ácidos nucléicos y por ello, esenciales también en el cierre de heridas para una rápida proliferación celular. (16)

Es importante mencionar que el requerimiento de nutrimentos, puede modificarse con las distintas etapas de cicatrización. Mientras que el zinc, el magnesio y el calcio son básicos durante todas las fases; el hierro, el cobre y el manganeso son importantes durante la fase inflamatoria y en la formación de tejido granular y durante la fase tardía es necesaria una adecuada concentración de selenio, debido a su papel activo en la detoxificación de especies reactivas de oxígeno, como el peróxido, el cual está involucrado en inflamación y daño a tejidos, degradando colágeno y ácido hialurónico. (24)

El zinc es probablemente el elemento más estudiado en cuanto a la cicatrización de heridas y, por tanto, su suplementación es necesaria en determinados casos de heridas gastrointestinales (de alto débito).

Algunos estudios pequeños muestran que deficiencias severas de zinc y vitamina C en úlceras de pierna (> 100 cm2) están relacionadas con fallos en el cierre de la herida. Otros estudios han demostrado como el óxido de zinc tópico contribuye a incrementar el nivel de mRNA para el factor de crecimiento tipo insulina 1 (IGF-1), que es esencial para la reepitelización de los tejidos.

La importancia del zinc en la cicatrización de heridas y en el sistema inmunológico ha llevado a suplementar a pacientes catabólicos, con dosis excesivas de zinc por vía intravenosa, de hasta 30 mg/día. (25)

A pesar de sus beneficios, la suplementación con zinc, al igual que ocurre con el resto de micronutrientes, debe ser evaluada individualmente, puesto que se ha visto que el exceso puede producir efectos adversos asociados con el equilibrio del cobre y del hierro. El principal efecto tóxico se debe a la interferencia con el metabolismo del cobre, provocando anemia por deficiencia del mismo. Además, el exceso de zinc puede provocar reducción de lipoproteínas de alta densidad (HDL), afectar al sistema inmunológico, (26) provocar pancreatitis e hiperamilasemia y exacerbar la fase aguda del proceso inflamatorio en pacientes graves. (25)

Respecto a las pérdidas por fístulas, que pueden representar varias veces el requerimiento normal, hay muchos datos que aprueban el beneficio de un suplemento de entre 12 y 17 mg de zinc por litro de fluido perdido. (25) Sin embargo, actualmente no existe consenso sobre las recomendaciones de zinc vía parenteral en pacientes graves.

Algunos autores han aportado evidencia de que el aporte de 4,9 a 5,6 mg/día en nutrición parenteral promueve mejores niveles de zinc plasmático y balance positivo en pacientes graves. También se ha reportado que dosis entre 2,8 a 10,8 mg/día en NPT en pacientes críticos, con evolución favorable, sin exacerbar la respuesta inflamatoria.

Podríamos concluir, en base a todo lo publicado que; generalmente las vitaminas y minerales están deficientes en pacientes con FEC, especialmente en las de alto gasto (> 500 mL/día), por lo que se recomienda aportar hasta dos veces la recomendación diaria de vitaminas y elementos traza y entre 5 y 10 veces la recomendación de Vitamina C y zinc. (23)

6. CASO CLÍNICO PACIENTE CON FÍSTULA ENTEROCUTÁNEA

Varón de 73 años con amplio historial médico-quirúrgico en el que destaca resección intestinal por enfermedad de Crohn hace 30 años y CPRE (colangiopancreatografía retrógrada endoscópica) por colecistitis aguda hace 6 meses que ingresa por salida de contenido intestinal por herida quirúrgica tras haber sido intervenido (10 días antes) de colecistectomía. El paciente es diagnosticado de Fístula enterocutánea (FEC) yeyunal y de íleo paralítico postquirúrgico.

Se decide tratamiento conservador esperando al cierre espontáneo de la herida, por lo que se inicia antiobioterapia y soporte nutricional total (nutrición parenteral) y de fluidos. El débito de la fístula al ingreso es de 300-400 ml/día.

Se procede a la instauración de nutrición parenteral individualizada de acuerdo a los requerimientos nutricionales calculados en base a la antropometría del paciente (hombre, 73 años, 1,87m, 92kg, IMC: 26,3 kg/m2).

<u>NPT individualizada</u>: 2150 ml, vía central. 2300 kcal. KcalNP/gN2: 90

125 g proteínas = 20 g N2 (1250 ml aminoplasmal® 10%)

250 g glucosa (500 ml glucosa 50%)

80 g lípidos (400 ml smoflipid 20%)

Electrolitos (mmol/día): Na: 80; K: 80, Ca: 5; Mg: 6; P: 20.

Oligoelementos y vitaminas: 1 ampolla de OligoStandard® y 1 vial de cernevit®.

6.1. Evolución clínica

En principio, no se considera necesario un aporte extra de zinc, más que el suministrado en la ampolla de oligoelementos de 6,25 mg, ya que la fístula no excede los 400 ml de débito (se requieren entre 12 y 17 mg de Zn por cada litro de pérdidas), sin embargo, transcurrida una semana de ingreso, y tras inicio de la progresión a dieta oral, el débito de la fístula comienza a aumentar progresivamente, alcanzando 800-900 ml/día en el día +10 de ingreso.

Ante esta situación se realiza un TAC de control para localizar la fuga de la FEC. A pesar de que clínicamente es evidente que existe dicha fuga, no consigue visualizarse en el TAC. Se decide intervención quirúrgica del paciente para analizar en detalle la zona afectada, no siendo posible localizar la fuga de la herida, de modo que se procede a la colocación de un sistema de cierre asistido por vacío (VAC).

Tras la intervención (día +11) el paciente ingresa en la Unidad de cuidados Intensivos, quedando en dieta oral absoluta y reiniciando NPT individualizada con mismos aportes nutricionales de macronutrientes pero aumentando la suplementación de zinc a fin de favorecer la cicatrización y cierre de la herida y contribuir al sistema VAC. Se decide aumentar los aportes diarios de zinc de la NPT, sustituyendo los oligoelementos utilizados por una ampolla de addamel® que contiene 13,6 mg de zinc.

Durante toda su estancia en UCI, el paciente permanece con NPT individualizada, y conforme se va constatando el cierre de la herida (disminución del débito) y comienzan los ruidos intestinales se reinicia progresión a dieta líquida el sexto día. Dos días más tarde el paciente recibe el alta a planta, donde mejora lentamente y progresa de nuevo a dieta oral, recibiendo el alta hospitalaria una semana después, tras varios recambios del VAC y descenso hasta valores mínimos del débito de la FEC, cuando esta ya se considera cicatrizada.

Al alta, el paciente recibe indicaciones de tomar batidos de nutrición enteral hiperprotéicos que contribuyan a consolidar el cierre de la FEC, así como una dieta oral acorde a las necesidades especiales del paciente (alto contenido protéico y escaso aporte de grasas).

6.2. Conclusiones del caso:

1. En líneas generales y exceptuando grupos especiales de pacientes (nutrición parenteral domiciliaria, insuficiencia hepática, insuficiencia renal...) los oligoelementos deben de ser aportados diariamente. A nivel práctico se recomienda el empleo diario de las presentaciones multi-oligoelementos (Cu, Cr, Fe, Mn, Se, F, Mb, Zn, I, Co) en el paciente hospitalizado (estable o crítico) tal y como se ha empleado en nuestro caso.

2. A las NPT (tricamerales o individualizadas) se les debe incorporar el aporte diario recomendado de micronutrientes, tanto oligoelementos como vitaminas, teniendo en cuenta las patologías en las que está dificultado el metabolismo de los micronutrientes y las interacciones entre ellos y entre medicamentos y micronutrientes.

3. Las dosis deben individualizarse y adaptarse a la situación clínica en el paciente crónico (renal, hepático...), estando indicado en algunas circunstancias específicas (quemado, crítico, FEC de alto débito, diarrea crónica) el aporte de macrodosis de algunos elementos traza como el zinc.

4. En el manejo nutricional de la FEC queda clara la importancia del zinc, entre otros elementos fundamentales que contribuyen al cierre de la herida y buen pronóstico del proceso.

5. Aun asumiendo la dificultad metodológica de las determinaciones plasmáticas de micronutrientes, se recomienda insistir en su monitorización para determinar las cantidades mínimas necesarias y las potencialmente tóxicas, ya que la intervención nutricional ha demostrado

disminuir las complicaciones derivadas de un estado nutricional deficiente que prolongaría la estancia hospitalaria y podría llegar a ser parte causal de la muerte del paciente crítico.

7. BIBLIOGRAFÍA

1. Li S, Wang T, Tong G, Li X, You D, Cong M. Prognostic Impact of Sarcopenia on Clinical Outcomes in Malignancies Treated With Immune Checkpoint Inhibitors: A Systematic Review and Meta-Analysis. Front Oncol. 2021;11:726257.

2. Damanti S, Azzolino D, Roncaglione C, Arosio B, Rossi P, Cesari M. Efficacy of Nutritional Interventions as Stand-Alone or Synergistic Treatments with Exercise for the Management of Sarcopenia. Nutrients. 2019;11(9):1991.

3. Roig J. Sindrome de desnutrición-sarcopenia [Internet]. Grupo Sobre Entrenamiento (G-SE). [citado 11 de diciembre de 2021]. Disponible en: https://g-se.com/sindrome-de-desnutricion-sarcopenia-bp-X5b0a77f46232b

4. Aleixo GFP, Shachar SS, Nyrop KA, Muss HB, Malpica L, Williams GR. Myosteatosis and prognosis in cancer: Systematic review and meta-analysis. Crit Rev Oncol Hematol. 1 de enero de 2020;145:102839.

5. Van der Schueren MAE, et al. Use and effects of oral nutritional supplements in patients with cancer. Nutrition, 2019. Nov-Dec;. 67-68: 110550

6. Arends J, Bachmann P, Baracos V, Barthelemy N, Bertz H, Bozzetti F, et al. ESPEN guidelines on nutrition in cancer patients. Clin Nutr. 2017;36:11–48.

7. Op den Kamp CM, Langen RC, Haegens A, Schols AM. Muscle atrophy in cachexia: can dietary protein tip the balance? Curr Opin Clin Nutr Metab Care. 2009;12: 611– 616.

8. Hunter DC, Weintraub M, Blackburn GL, Bistrian BR. Branched chain amino acids as the protein component of parenteral nutrition in cancer cachexia. Br J Surg. 1989;76:149–153.

9. Burke L. Clinical Sports Nutrition, 2006;35:11–50

10. Hayes SC, Newton RU, Spence RR, Galvao D. The Exercise and Sports Science Australia position statement: Exercise medicine in cancer management. J Sci Med Sport. 2019;22:1175–1199.

11. Rodríguez de Miranda A, Santana Porbén S, Borbolla Busquets E. Estado nutricional perioperatorio en pacientes de cirugía mayor del tracto gastrointestinal. Rev Cuba Aliment Nutr Vol 17 No 1 2007 Enero - Junio 2007 1 - 97 [Internet]. 2021; Disponible en: http://revalnutricion.sld.cu/index.php/rcan/article/view/1153

12. Ha P, Golnazarian NK, Soo C, Zheng Z. Clinics of Surgery.

13. Gómez Ayala AE. Colectomía. Secuelas nutricionales. Farm Prof. 2011;25(1):43-7.

14. Nutrition and Wound Healing. Routledge & CRC Press. [citado 15 de diciembre de 2020]. Disponible en: https://www.routledge.com/Nutrition-and-Wound-Healing/Molnar-D-hD-ACS/p/book/9780849317316

15. A. García de Lorenzo, J. Álvarez, T, Bermejo, P. Gomis y G. Piñeiro Micronutrientes en nutrición parenteral.pdf [Internet]. [citado 15 de diciembre de 2020]. Disponible en: http://scielo.isciii.es/pdf/nh/v24n2/original4.pdf

16. Rodríguez Cano AM. Terapia nutricia en fístula enterocutánea; de la base fisiológica al. Nutr Hosp. 1 de enero de 2014;(1):37-49.

17. Sriram K, Lonchyna VA. Micronutrient supplementation in adult nutrition therapy: practical considerations. JPEN 2009;33:548-62. [citado 15 de diciembre de 2020]. Disponible en: https://pubmed.ncbi.nlm.nih.gov/19454751/

18. Jeejeebhoy K. Zinc: an essential trace element for parenteral nutrition. Gastroenterology. noviembre de 2009;137(5 Suppl):S7-12.

19. Safe Practices for Parenteral Nutrition Formulations. National Advisory Group on Standards and Practice Guidelines for Parenteral Nutrition. JPEN J Parenter Enteral Nutr. abril de 1998;22(2):49-66.

20. Braunschweig CL, Sowers M, Kovacevich DS, Hill GM, August DA. Parenteral zinc supplementation in adult humans during the acute phase response increases the febrile response. J Nutr. enero de 1997;127(1):70-4.

21. Wolman SL, Anderson GH, Marliss EB, Jeejeebhoy KN. Zinc in total parenteral nutrition: requirements and metabolic effects. Gastroenterology. marzo de 1979;76(3):458-67.

22. V.M. Durán Muñoz-Cruzado, L. Tallón-Aguilar, J. Tinoco-González, A. Sánchez-Arteaga, M.J. Tamayo-López, F. Pareja-Ciuró, J. Padillo-Ruiz Actualización sobre el manejo de la fístula enterocutánea y fístula enteroatmosférica [citado 15 de diciembre de 2020]. Disponible en: https://www.asacirujanos.com/admin/upfiles/revista/2019/Cir_Andal_vol30_n1_06.pdf

23. Dudrick SJ, Panait L. Metabolic consequences of patients with gastrointestinal fistulas. Eur J Trauma Emerg Surg Off Publ Eur Trauma Soc. junio de 2011;37(3):215-25.

24. Morris P, Wood W. Oxford Textbook of Surgery. 2a Ed. New York, USA: Oxford University Press; 2000.

25. Menéndez AM, De Portela ML, Weisstaub A, Montemerlo H, Guidoni ME, Rusí F, et al. Influence of zinc administered by total parenteral nutrition on plasmatic zinc levels, on reactive C protein, on serum interleukin-6 and on serum interleukin-6 soluble receptor, in critical patients. Nutr Hosp. junio de 2009;24(3):340-6.

26. Gibson RS. Principles of nutritional assessment. 2a. New York: Oxford University Press; 2005.

Kolibri 360 GmbH
Ferdinand-Jühlke-Straße 7
99095 Erfurt, Deutschland
produktsicherheit@kolibri360.de

Druck:
CPI Druckdienstleistungen GmbH
im Auftrag der
Kolibri 360 GmbH
Ferdinand-Jühlke-Str. 7
99095 Erfurt